JN445713

위기는 생각지도 못한 순간에 갑자기 찾아와요.

이 도감은 세상을 살다 보면 만나는 여러 가지 위기를 1부터 100까지의 위기 수준과 새로 추가된 덤벙이 측정기로 나타내어, 낮은 수준의 위기 상황부터 차례차례 소개합니다.

깜빡거리고 덤벙대다가 위기에 빠졌다면, 그건 내 잘못이에요. 하지만 그 덕분에 앞으로는 같은 실수를 하지 않겠다고 다짐할 수도 있죠.

이 책에는 위기에 관한 연구부터 위기를 이겨 내는 방법까지, 여러분이 알고 싶은 정보가 가득 담겨 있어요.
더 강력해진 《위기 탈출 도감 3》. 세 권 모두 곁에 두고 언제 닥칠지 모르는 위기에 대비해 보아요.

위기 탈출 도감

스즈키 노리타케 글·그림 | 권남희 옮김

3

이아소

케첩이 사방으로 확 튀었어요!

위기 발생!

위기 수준은 어느 정도일까요?

케첩이 확 튀었다

덤벙이 측정기 

왜 이런 일이 생겼을까요?

케첩 통을 거꾸로 세워 냉장고에 넣어 두면

내용물이 뚜껑 쪽으로 쏠려서 잘못 누르면 확 튀어나와요.

이건 거꾸로 넣어 둔 사람 잘못일까요?

아니죠, 잘 보면 알 수 있었어요.

살짝 눌렀으면 사방으로 튀지 않았을 거예요.

조심하지 않고 덤벙댄 탓이죠.

덤벙이 측정기가 빨간색으로 확 기울었네요!

덤벙이 측정기

이런 위기는 대부분

자기 탓이거든요.

글씨를 거꾸로 썼다

덤벙이 측정기 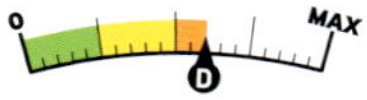

또 덤벙댔네요.

우리는 생활 속에서
수많은 위기에 맞닥뜨려요.
좀 억울해도 내가 덤벙대는 바람에
위기에 빠지는 일도 꽤 많지요.

내 탓에 생긴 위기라면,
다음부터는 더 조심해서 피할 수 있어요.
그러니까 내 탓이라고 해서
꼭 나쁜 것만은 아니에요.

자, 그럼 어떤 위기가 있는지
지금부터 함께 알아봅시다.

얼굴이 타서 엉뚱한 자국이 생겼다

위 기 수 준

4

덤 벙 이 측 정 기 

처음엔 좀 충격이겠지만, 금방 괜찮아져요.
가만두면 어느새 익숙해질 거예요.
엉뚱하게 탄 자국은 이런 곳에도 생겨요.

마스크 자국

반창고 자국

안대 자국

손목시계 자국

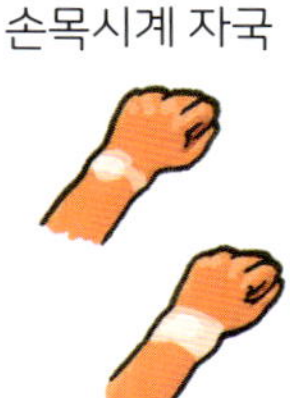

손목 밴드 자국

샌들 자국

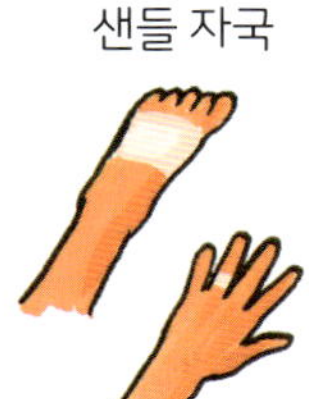

반지 자국

반바지와
긴 양말 틈새 자국

발목 부상
깁스 자국

 | 살갗이 타서 벗겨진 껍질을 자랑하진 마세요. 보기 좀 그래요.

고무줄이 머리카락에 엉켰다

위 기 수 준

8

덤벙이 측정기

고무줄 위기!

가면에 달린 고무줄은 머리카락에 잘 엉키니까 조심하세요.

잘 안 풀릴 때는 샴푸를 해 보세요. 머리카락이 부드러워져서 금세 풀려요.

손에 밴 고무줄 냄새가 가시지 않아요.

국수 가락인 줄 알았는데, 고무줄 조각이었어요.

쓰레기통에 휴지가 수북하다

위기 수준
11

덤벙이 측정기 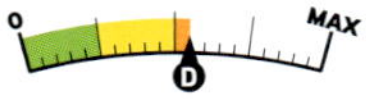

휴지가 산더미처럼 쌓여 넘치는 쓰레기통.
손으로 누르려니
어쩐지
찜찜해요.

쓰레기봉투에
넣어 보아요!

아래쪽 쓰레기가
통에 끼어서 나오지 않아요.

계란판 같은 쓰레기를 그냥 버리면 휴지통이 금세 수북해져요. 납작하게 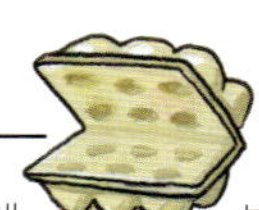 밟아서 버려야 해요.

비닐봉지 입구가 잘 벌어지지 않는다

위기 수준 **12**

덤벙이 측정기

정반대 위기!

비닐봉지 위아래가
뒤집혀 있을 수도
있어요.
차분히
잘 살펴봐요!

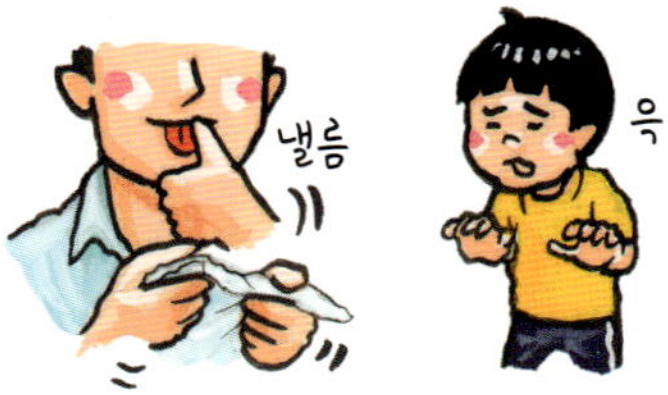

비닐봉지를 벌릴 때마다
침을 묻히는 사람이 있어요.
다른 사람이 싫어하니까 조심!

겉옷만 벗고 싶었는데
속옷까지 벗겨졌어요.

계산대 앞에서 비닐봉지가 좀처럼 벌어지지 않는데, 뒤에 사람들이 줄까지 서면 위기 수준이 쭉 올라가요!

나무젓가락이 잘못 쪼개졌다

위 기 수 준

16

덤벙이 측정기 

젓가락을 벌릴 때
잘못 쪼개진 부분이 닿아서
먹기 불편해요.

나무젓가락이 잘못 쪼개지는 위기는
얼마나 자주 일어날까요? 연구를 위해
나무젓가락 100개를 쪼개 봤어요.

무려 100개 중 37개나
잘못 쪼개졌어요!

 | 오래되어 좀 축축한 나무젓가락은 제멋대로 쪼개질 확률이 높은 것 같아요.

컵라면의 물이 부족하다

위기 수준 **24**

덤벙이 측정기

따뜻한 음식 위기!

물을 다시 끓이면 3분이 지나요!
포기하고 그냥 먹어요.

코코아 가루가 섞이지 않아요.
위기 수준 **13**.

우유에 막이 생겼어요.
위기 수준 **6**.

코코아는 뜨거운 물에 살짝 녹인 다음에 따뜻한 우유를 섞는 게 좋아요.

콩알이 멀리 날아갔다

덤벙이 측정기

위기 수준 **28**

안 먹은 콩깍지 그릇에
다 먹은 콩깍지를 버렸어요.

입에 넣었더니
빈 콩깍지였어요.

콩깍지를 차곡차곡 쌓아 올려서
젠가처럼 무너뜨리기 놀이를 해 봐요.
아래쪽에서 하나 빼서 위에 올리다가
먼저 무너뜨린 사람이 지는 거예요.

한국에서 즐겨 먹는 완두콩 대신 일본에서는 대두의 어린 꼬투리인 풋콩을 즐겨 먹는답니다.

삶은 달걀이 너덜너덜해졌다

덤벙이 측정기

위기 수준

35

위기 탈출 연구실

아마 삶는 방법이
잘못되었기 때문일 거예요.
그래서 여러 가지 방법으로
삶아 보았어요.

① 찬물에 삶아요.

② 끓는 물에 넣어 삶아요.

③ 달걀의 둥근 밑동에
바늘구멍을 내서
끓는 물에 삶아요.

반숙이 좋다면 7분 정도 삶아요! 여러분도 얼마만큼 삶아야 입맛에 맞는지 직접 실험해 보세요.

가시를 발랐더니 생선 살이 다 흩어졌다

위 기 수 준

36

덤벙이 측정기

열심히 가시를 바르다 보면
먹을 살은 깜빡 잊어버릴 때도 있죠.

엉망진창 위기!

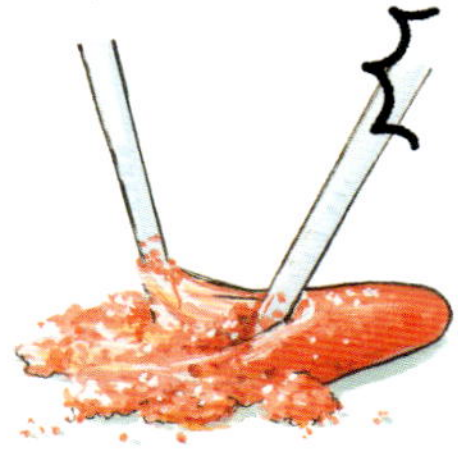

명란젓 껍질을 벗겼더니
젓갈이 엉망진창.

봉투에 들고 오다가 한쪽으로 쏠려서
초밥이 엉망진창.

명란젓 껍질은 맛있으니까 버리지 마세요. 쇠고기 스테이크 지방은 많이 먹으면 속이 느끼해지죠.

생일 케이크 촛불이 꺼지지 않는다

위 기 수 준

39

덤벙이 측정기

게다가!

기분이 좋아서 히죽히죽 웃느라 촛불을 불 때 입에 힘이 잘 들어가지 않아서 그래요.

초를 싼 은박지가 벗겨졌어요. 위기 수준 **14**.

은박지가 케이크에 파묻혔어요. 위기 수준 **31**.

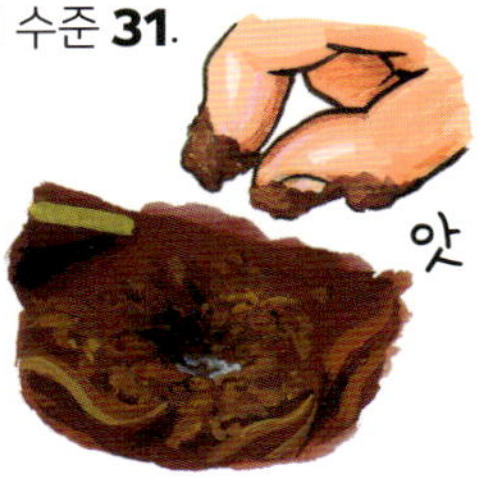

입에 힘을 너무 줘서 "후우"가 "푸우"가 되면 침이 튀고 케이크는 엉망이 되죠. 위기 수준 **69**.

선생님 안경이 날아갔다

덤벙이 측정기

학교에서 위기!

학교생활을 하다 보면 새로운 일에 도전할 때도 있고,
여럿이 함께 뛰어놀 일도 많아요.
그러다 보면 뜻밖의 위기가 찾아오기도 해요.

선생님의 덤벙이 측정기가 최대치로 올라갔네요.

위기 수준

40

운동장에 물통을 두고 왔다

위기 수준

41

덤벙이 측정기

하필 다른 반 친구들이 체육을 하다 발견하면, 창피해서 위기 수준은 **9**점 올라간 **50**으로!

다른 선생님이 발견하면 위기 수준 **2**점 추가.

비둘기가 쪼아 대면 **4**점 추가.

저는 물통에 맛간장을 넣고 도시락에 소면을 싸 간 적도 있답니다. 간식으로 국수가 먹고 싶었거든요.

공책을 잘못 가져왔다

위기 수준

43

덤벙이 측정기

"숙제 정말 했어?" 하고 의심받아요.
낙서만 잔뜩 해 놓은 공책이랑
헷갈려서 잘못 가져왔으면
더 억울하죠.

비슷하게 생긴 공책을 쓰다가 실수할 때가 있어요.
비슷해서 헷갈리는 건 이것만이 아니죠.

입욕제와 비누

커피와 맛간장

줄이 많은 공책을 쓰면 괜히 똑똑해 보일 것 같은 기분이 들어요.

선생님 말씀을 못 들었다

위기 수준 **44**

덤벙이 측정기 0 MAX

위기 탈출 퀴즈!

미치 듣지 못한 선생님 말씀을 위기 수준이 높은 순서대로 나열해 보세요.

※ 정답은 마지막 페이지에 있습니다.

① 

"다섯 명씩 차례차례 보건실에 가서 시력 검사를 받으세요."

② 

"화장실에 가고 싶은 사람은 지금 바로 다녀오세요."

③ 

"내일 소풍 갈 때는 체육복을 입고 오세요."

그냥 다시 여쭤보는 것도 좋아요. 그런데 말씀하신 내용이 "남의 말을 제대로 듣자."였다면 혼날 수도 있죠.

뭔가 말하려고 했는데 생각이 안 난다

위기 수준

55

덤벙이 측정기

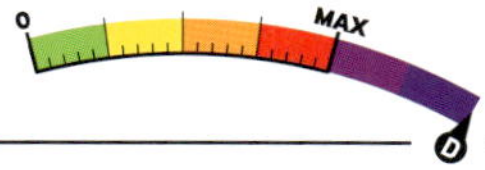

내가 발표하려고 했는데
친구가 먼저 해 버렸어요.

나중에 먹으려고 아껴 두었는데
누군가 먹어 버렸어요.

막 뛰려고 했는데
신호가 바뀌었어요.

'~하려고 했는데 ~했다' 시리즈! "냄새가 나서 코를 막으려고 했는데 똥을 밟았다!" 여러분도 한번 만들어 봐요.

친구 이름이 떠오르지 않는다

위기 수준 **56**

덤벙이 측정기 

생각이 날 듯 말 듯!
친구가 계속 말을 걸어오니까 이름이 더 안 떠올라요.
친구가 내 이름을 부를 때마다
미안해서 얼굴이 화끈거려요.

오랫동안 '스미레'라고 불렀던 사람이 사실은 '스미에'였다는 걸 알고 충격받은 적이 있어요.

위기 탈출 비법!?

'가'부터 차례대로

머릿속으로 떠올려 보아요.

그럼 생각날지도 몰라요.

가 나 다 라

마 바 사

아 자 차 카

타 파 하

김 씨나 이 씨처럼 흔한 성은

이 방법으로 찾기가 쉽지 않으니 주의하세요!

지우개에 연필심이 박혀서 지울 때마다 까맣게 묻어난다

위 기 수 준
57

덤벙이 측정기

핑계 댈 것도 없어요. 다 내 잘못이죠.
지우개한테 사과하고 싶네요.

막힌 접착제 구멍을 뚫다가
연필심에 묻어서 쓸 수 없을 때도 있어요.

연필깎이에 몽당연필을 넣었는데 좀처럼 빠지지 않는 것도 큰 위기죠.

꾸벅 인사를 하다가 가방 속 물건이 몽땅 쏟아졌다

위기 수준 **59**

덤벙이 측정기

신발을 신을 때도 쏟아져요.

열렸을 때 위기!

소스 병을 흔드는데
뚜껑이 열려 있었어요.

화단에 물을 뿌렸는데 창문이 열려 있었어요.

동네 아주머니가 자꾸만 내 이름을 잘못 부른다

위기 수준 **64**

덤벙이 측정기 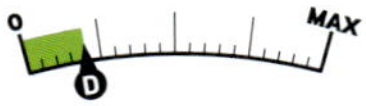

이웃 위기!

용기를 내어 아주머니에게 제대로 이름을 알려 드려요. 이번 일로 아주머니와 더 친해질 수도 있어요.

이웃집 개가 맨날 짖어 대요.

우리 아이는 큰 개에게 "손!" 하며 손을 내밀었더니, 개가 머리 위에 손을 올렸대요.

발이 온통 흙투성이가 되었다

위기 수준 **66**

덤벙이 측정기

위기 탈출 퀴즈!

흙먼지가 풀풀 나는 데서
실컷 뛰어놀고 오면
양말도 발도
온통 흙투성이가 돼요.
양말을 벗으면
위아래 피부색이
달라서 깜짝 놀라요.

다음 세 가지 흙투성이 위기를
위기 수준이 높은 순서대로 나열해 보세요.

※정답은 마지막 페이지에 있어요.

① 손수건

② 얼굴

③ 자전거

예전에 친구들이 다리 훈련을 하겠다며 신발 속에 자갈을 잔뜩 넣고 걸어 다니곤 했어요. 그래 봐야 달리기는 느렸죠.

흙투성이 발로 집 안에 들어가면 곤란해요.

마룻바닥에 흙이 떨어져 지분지분 밟히는 것도 위기죠.

바로 화장실로 가서 발을 싹싹 씻는 게 좋아요.

위기를 잘 넘겼나요?

실수로 샤워기 물을 틀어 버렸다

덤벙이 측정기

위기 수준

67

이불 속에서 방귀를 뀌었다

위 기 수 준

71

덤 벙 이 측 정 기 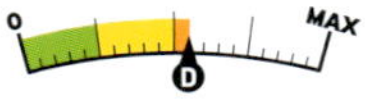

방귀를 가둬 두면
이불이나 내 몸에도
냄새가 밸 것 같아 찝찝해요.

위로 내보내면 내가 냄새를
맡아야 하고, 옆으로 내보내면
옆 사람한테 미안하죠.

그러니까 가장 좋은 건 아래쪽!
발로 이불을 살짝 걷어 올리고
두세 번 훌훌 흔들면 완벽해요!

천장 무늬가 사람 얼굴처럼 보인다

위 기 수 준
78

덤벙이 측정기

신경 쓰여서 푹 잘 수가 없어요.

가방에 개미가 몰려들었다

덤벙이 측정기

벌레 위기!

가방 속 과자 부스러기 때문에

개미가 우글우글 몰려왔어요.

작은 벌레지만 이렇게 많으니 징그러워요.

가방 속 개미를 꼬여 내려고 옆에 초콜릿을 두었더니, 다른 데서 개미가 더 많이 몰려왔어요. 작전 실패. 위기 수준 **88**

위기 수준
79

토끼풀 꽃으로 만든 화관을 들여다보니, 진딧물이 우글거린다

위 기 수 준

85

덤벙이 측정기

예쁘고 깔끔한 것에서
벌레가 나타나면
누구나
깜짝 놀라죠.

양배추 위의 애벌레

빨래 위의 노린재

유리창에 붙은 도마뱀

이웃 사람이 준 꽃가지에 사마귀알이 붙어 와서 새끼 사마귀가 우르르 깨어난 적도 있어요.

거미줄에 걸렸다

덤벙이 측정기

위기 수준 **87**

고개를 들어 보니
커다란
무당거미가
여기저기 매달려
있어요.
색깔도 알록달록하고
무시무시하게 생겼어요.

공원 의자에 가만히 앉아 있는데
나와 물통 사이에
거미줄이
쳐진 적도 있어요.
진짜라니까요.

거미가 만드는 바큇살 모양 거미줄은 매일 새로 치는 거래요. 엄청 부지런하죠! 망가뜨려서 미안.

화장실에 커다란 나방이 있다

덤벙이 측정기

위기 수준 **88**

Q 위기 탈출 퀴즈!

화장실에 가끔 나타나는 벌레들이에요.
마주쳤을 때 위기 수준이
세 번째로 높은 벌레는 무엇일까요?

※ 정답은 마지막 페이지에 있습니다.

여름에는 화장실도 더워요. 휴지로 땀을 닦다 보면 얼굴에 달라붙으니 주의하세요.

자전거를 타고 가다 날벌레 떼에 휩싸였다

위 기 수 준

91

덤벙이 측정기 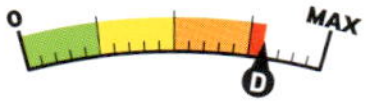

게다가!

입에 들어갔어요.

체인이 빠졌어요.

내린 곳이 하필 물웅덩이였어요.

이렇게 모여드는 날벌레는 보통 깔따구 떼예요. 모기랑 닮았지만 피를 빨진 않으니까, 놀라지 말고 침착하게 지나가세요.

보물 상자가 열리지 않는다

덤벙이 측정기

위기 수준 **92**

이 안에 뭔가 특별한 게 들어 있을 텐데
뭐였는지 도무지 기억나지 않아요.
아아, 너무 답답해!

아마도 이런 게 들어 있겠죠. 구슬, 자석, 잘 도는 팽이, 조개껍데기, 외국 동전, 뱀 허물.

위기 탈출 비법!?

과감하게 그대로 땅에 묻어

타임캡슐로 만들어요.

힘센 어른이 된 미래의 내가

틀림없이 가뿐하게 열어 줄 거예요.

변기가 막혔다

덤벙이 측정기

위기 수준 **93**

자기 집이면 위기 수준 **69**.
친구 집이면 위기 수준이
순식간에 훅 올라가죠.

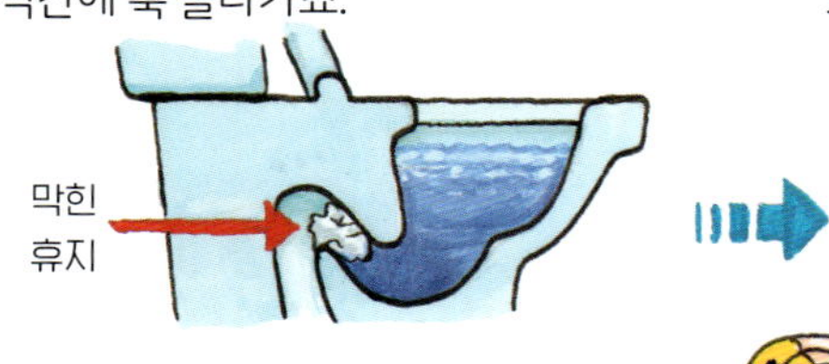

자꾸자꾸 물을 내리지 말고
막힌 휴지가 녹을 때까지
조금만 더 기다려 봐요.

기다려도 물이 내려가지 않으면
이제 뚫어뻥 차례예요.
어른들에게 부탁해 보세요.

이 S자 모양 화장실 배관은 1775년에 스코틀랜드의 알렉산더 커밍이 발명했대요!

우산이 뒤집혔다

덤벙이 측정기

위기 수준

96

옷이 젖는 것도 싫지만,
사람들이 쳐다보고
한마디씩 하는 게
더 싫어요.

옷이 젖지 말라고 비옷을 입었는데, 결국 땀이 나서 흠뻑 젖은 적도 있어요.

고양이가 따라온다

덤벙이 측정기

어? 덤벙이 측정기가 0이에요.

그래요. 덤벙대지 않아도 위기는 찾아와요.

세상 어디에 있어도, 아무리 훌륭한 사람이라도,

위기에 맞닥뜨릴 수 있어요.

위 기 수 준

99

피할 수 없는 위기도 있다는 말이죠.

그런 위기라면 아무리 애써도 어쩔 수가 없어요.

고양이를 키우기로 했다

덤벙이 측정기

"내가 다 돌볼게요!" 하고 약속해 버려서 더 큰 위기인가요?

처음엔 좀 힘들겠지만, 시간이 지나면서 즐겁고 기쁜 일도 늘어날 거예요.

그러니까 이게 위기인지 아닌지는 앞으로 어떻게 하느냐에 달려 있어요!

위 기 수 준 0 <······> 위 기 수 준 100

그래요. 위기 따위 두렵지 않아요!

위기 탈출 퀴즈!

정답

22쪽: **3**→**2**→**1**

소풍 날 혼자만 다른 옷을 입고 오면 민망하죠.

시력 검사는 함께 가는 다섯 명 중 누군가가 알려 줄 거예요.

29쪽: **3**→**1**→**2**

자전거를 씻는 것은 꽤 성가셔요.

얼굴은 씻으면 깨끗이 지워지죠.

38쪽: 그리마

높은 순서대로 농발거미→꼽등이→그리마→바퀴벌레→노래기→금파리→쥐며느리

스즈키 노리타케 글·그림

1975년, 일본 시즈오카현 하마마쓰에서 태어났으며, 철도회사 근무를 거쳐 그래픽 디자이너로 일하다가 그림책 작가가 되었습니다.《어떤 화장실이 좋아?》로 제17회 일본그림책상 독자상을,《살아 있는 직업 그림 사전: 스카이트리》로 제62회 소학관 아동출판문화상을 받았습니다.《위기 탈출 도감》으로 제15회 MOE 그림책서점대상을,《위기 탈출 도감 2》로 제17회 MOE 그림책서점대상을 수상했습니다. 그 밖에도《케첩맨》,《천만의 말씀》,《깜깜한 밤이 오면》을 비롯해 재치 있고 재미난 그림책으로 많은 사랑을 받고 있습니다.

권남희 옮김

일본 문학 번역가이자 에세이 작가입니다.《위기 탈출 도감》,《위기 탈출 도감2》,《소중해 소중해 너의 좋은 점》,《마녀 배달부 키키》,《이유가 있어요》,《불만이 있어요》,《메멘과 모리》 등을 우리말로 옮겼으며,《귀찮지만 행복해 볼까》,《혼자여서 좋은 직업》,《번역에 살고 죽고》,《어느 날 마음속에 나무를 심었다》,《스타벅스 일기》 등을 썼습니다.

위기 탈출 도감 3

초판 1쇄 발행 2026년 1월 15일

글·그림 스즈키 노리타케
옮긴이 권남희
펴낸이 명혜정
펴낸곳 이아소
교열 최현경
디자인 이창욱

등록번호 제311-2004-00014호
등록일자 2004년 4월 22일
주소 04002 서울시 마포구 월드컵북로5나길 18 1012호
전화 (02)337-0446 팩스 (02)337-0402

책값은 뒤표지에 있습니다.
ISBN 979-11-87113-80-5 77830

도서출판 이아소는 독자 여러분의 의견을 소중하게 생각합니다.
E-mail iasobook@gmail.com

\ 아직 더 남았다 /

이런 위기도!

헬멧 자국이 생겼다.

빨래집게 자국이 생겼다.

집에 문이 잠겨 있다.

크레용을 밟았다.

공책을 거의 다 써 버렸다.

타이머가 보이지 않는다.

신발에 돌이 들어갔다.

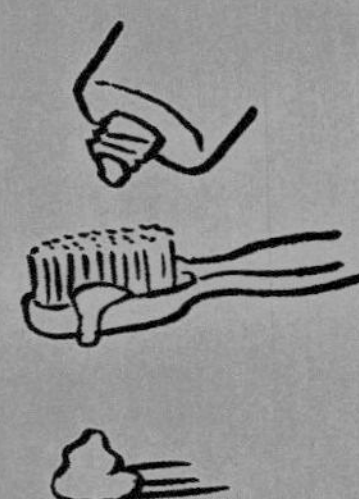

치약을 흘렸다.

바지 끈이 풀리지 않는다.

국수가 한 덩어리가 되었다.

귤이 시다.

초콜릿이 녹았다.

쿠키가 부스러졌다.

과자가 너무 딱딱하다.

김밥이 다 터져 버렸다.

얼굴을 닦았는데 걸레였다.

손톱을 너무 짧게 깎았다.

엘리베이터를 거꾸로 탔다.

빵을 반으로 나눴더니 팥소가 한쪽으로 쏠렸다.

후추 알갱이를 씹었다.